Inhalt

Projektorganisation - Integrationsfähigkeit von Projektteams in bestehende Organisationsstrukturen

Kernthesen

Beitrag

Fallbeispiele

Weiterführende Literatur

Impressum

Projektorganisation - Integrationsfähigkeit von Projektteams in bestehende Organisationsstrukturen

I.Lukmann

Kernthesen

- Das Ziel einer Projektorganisation ist eine effektive Umsetzung und Gestaltung des Managements von Projekten. (2), (4)
- Im Rahmen eines Projektes werden Projektteams zusammengestellt, die, unabhängig von der gültigen Struktur der Ablauforganisation eines Unternehmens, als Arbeitsgruppen zeitlich begrenzt

zusammenarbeiten. (4)
- Die wichtigsten Faktoren für den Erfolg eines Projektes sind unter anderem die Führungsqualitäten des Teamleiters und die Unterstützung des Projektes durch den Vorstand. (9), (10), (11)

Beitrag

Unternehmen setzen ihre Konzepte und Vorhaben zunehmend in organisierten Projekten um. Die Begriffe Projekt, Projektmanagement sowie Projektteam werden in diesem Artikel definiert. Es folgt eine Darstellung der Auswirkungen von Projektteams in bestehenden Organisationsstrukturen. Eine knappe Erläuterung eines exemplarischen Projektablaufs sowie die Vorstellung einer neuen Projektmanagement-Norm, die bei der Gestaltung von Projektmanagementsystemen hilft, runden diesen Artikel ab. (2)

Definition Projekt

Projekte werden Vorhaben genannt, die eine einmalige und komplexe Aufgabenstellung im

Unternehmen umsetzen. Dies wird mit Unterstützung eines eigens hierfür zusammengestellten Teams erreicht. Hierfür wird in der Regel eine bestimmte Vorgehensweise gewählt.

Folgende Merkmale definieren ein Projekt:
-Zeit: Das Vorhaben ist temporär und zeitlich festgesetzt
-Ziel: Das Ziel ist vorab klar definiert
-Mitteleinsatz: Das Projektbudget wird zuvor bestimmt
-Erst- und Einmaligkeit: Hierzu zählen beispielsweise Pilotprodukte bzw. einmalige Projekte
-Team: Die Arbeitsgruppe sollte interdisziplinär zusammengestellt werden. (4)

Definition Projektmanagement

Die Zielsetzung eines Projektmanagements ist in der Regel die effiziente und effektive Umsetzung und Gestaltung von Projekten. Das heißt, dass das Projektmanagement die Aufgabe hat die Planung, Steuerung und Überwachung eines Projektes zu bestimmen und zu kontrollieren. (2), (4)

Definition Projektteam

Ein Projektteam hat den Vorzug, außerhalb der generell gültigen Ablauforganisation im Unternehmen agieren zu können. Das heißt, dass das Team eigenständiger und unabhängiger in einem hierarchisch geprägtem Umfeld handeln kann. Eine interdisziplinäre Zusammenstellung des Teams aus verschiedenen Aufgaben- und Verantwortungsbereichen ist eine wichtige Voraussetzung für das Gelingen von Projekten. (4)

Auswirkungen der Integration von Projektteams in bestehende Organisationsstrukturen

Für Unternehmen, die eine beständige Aufbauorganisation haben, stellt die Integration von Projekten und damit Projektteams eine besondere Herausforderung dar. Auf der einen Seite steht die Projektarbeit, die sich neben der bestehenden Linienorganisation des Unternehmens behaupten muss. Hierarchisch gesehen ist das Projektteammitglied Mitarbeiter in einer Abteilung. Der dortige Vorgesetzte hat sowohl die fachliche als auch die disziplinarische Weisungsbefugnis über den Mitarbeiter; eine entsprechende Weisungsbefugnis besteht zwischen Projektleiter und Projektmitglied nicht. Diese Konstellation führt in der praktischen Umsetzung dazu, dass das Projektmitglied in der Regel zunächst seine Linienaufgaben erfüllen wird, es sei denn, die oberste Führungsebene hat ein entsprechendes Interesse an der Umsetzung des betreffenden Projektes. Die fehlende Weisungsbefugnis durch den Projektleiter führt in diesem Falle dazu, dass bei Nichterfüllung der Projektaufgabe keine Sanktionen entstehen können. Diese fehlenden Entscheidungskompetenzen führen dazu, dass der Projektleiter seine führende Rolle innerhalb des Projekts bisweilen nicht erfüllen kann.

Der Erfolg eines Projektes hängt demnach zunächst von den genannten organisatorischen Problemstellungen ab. Die Effizienz und Effektivität eines Projektes kann nur dann gewährleistet werden, wenn das Projektmanagement aktionsfähig gemacht werden kann. Die Einführung einer so genannten Auftragnehmer-Auftraggeber-Beziehung wäre daher sinnvoll. Ein solches Steuerungsinstrument ermöglicht es den Projektbeteiligten, eigenverantwortlich zu handeln: Der Projektauftraggeber (Abteilungsleiter oder Geschäftsführung) und der Projektleiter schließen gemeinsam ein Agreement ab, indem dem

Projektleiter die Verantwortung für das Projekt übertragen wird. Das Projektteam wird ebenfalls zu Auftragnehmern ernannt. Auf diese Weise sind die einzelnen Teammitglieder mit ihren Arbeitspaketen direkt dem Projektleiter gegenüber verantwortlich. (3), (7)

Exemplarischer Projektablauf

Der Ablauf eines Projekts kann beispielhaft an einem Projektphasenmodell dargestellt werden. Ein Projektablauf besteht im Prinzip aus Start, Durchführung und Abschluss. Die wesentlichen Merkmale dieses Grundmodells sind:

1. Projektstart: Hierzu gehört eine detaillierte Analyse der Ausgangssituation, eine konkrete Zieldefinition sowie eine möglichst exakte Projektgrobplanung.

2. Projektdurchführung: In diesem Stadium wird die Feinplanung des Projektes durchgeführt. Außerdem wird darauf geachtet, auf welche Weise die Aufgaben durchgeführt werden. Eine kontinuierliche Überprüfung der Zielerreichung ist an dieser Stelle sinnvoll.

3. Projektabschluss: Die letzte Phase ist

gekennzeichnet durch Abschluss des Projektes, der Projektübergabe sowie der Projektnachlese. Ein Resümee des Projektes hilft dabei, etwaige Fehler die während des Projektes aufgetreten sind, für kommende Projekte festzuhalten. (2), (4), (7), (8)

Die neue Projektmanagement-Norm (DIN 69901) (1)

Eine neue Projektmanagement-Norm (DIN 69901) zum Thema Projektmanagementsysteme soll im Rahmen von fünf Normblättern (Teilen) den Inhalt eines detaillierten Projektmanagements gestalten helfen. Die Norm zeigt alle einzelnen Phasen und Prozesse eines Projektes auf. Hinzu kommt, dass eine Vernetzung der einzelnen Schritte mit dem hierzu notwendigen Umfeld aufgezeigt wird.

Die neue Norm betrachtet den Prozess eines Projektes über den gesamten Projektlebenszyklus hinweg. Hierzu gehören folgende fünf Phasen: Initialisierung, Definition, Planung, Steuerung und Abschluss. Diese sind im oberen Abschnitt der Grundphasen eines Projektes bereits skizziert worden. (4), (11)

Im Rahmen dieser Prozessphasen treten vier verschiedene Prozessgruppen auf, die nachstehend beschrieben werden.

1. Führungsprozesse: Die Führungsaufgabe im Rahmen des Projektmanagements wird an dieser Stelle detailliert beschrieben. Dazu gehört, dass beispielsweise alle notwendigen Regelungen zum Übergang und der Freigabe eines Projektes von einer in die nächste Phase definiert werden.

2. Projektmanagementprozesse: Inhalt dieser Beschreibung sind sämtliche Prozessschritte die in Folge eines Projektes anfallen. Dadurch wird gewährleistet, dass die Vorgehensweise und alle hierfür erforderlichen Rekursionen verständlich dargestellt werden. In dieser Beschreibung wird auch eine Anknüpfung an die übrigen drei Prozessgruppen dargestellt.

3. Unterstützungsprozesse: Hierunter werden alle Funktionen verstanden, die einen unterstützenden Charakter bei der Umsetzung eines Projektes haben. Im Bedarfsfall kann, im Rahmen des Projektmanagements, auf diese unterstützenden Funktionen zurückgegriffen werden. Die Form und Ausprägung der Unterstützung ist an dieser Stelle detailliert dokumentiert.

4. Wertschöpfungsprozesse: Dieser Prozess beinhaltet die eigentliche Arbeit des Projektes. Die Erreichung

des Projektzieles ist maßgeblich von der Gestaltung der Wertschöpfungsprozesse abhängig. Da die Wertschöpfungsprozesse jedoch in jedem Projekt und in jeder Branche unterschiedlich sind, werden im Rahmen der Projektmanagement-Norm ausschließlich deren Schnittstellen aufgezeigt. (1), (4), (8)

Fallbeispiele

Die Loewe AG hat im Sommer 2003 ein Restrukturierungsprogramm gestartet. Dieses so genannte Taurus-Programm bestand aus 14 Einzelprojekten. Eines der Einzelprojekte Time-to-Market (Ziel war eine rasche Einführung von Flachbildschirmen auf den entsprechenden Märkten) hatte die Zielsetzung, die Projektarbeit im Unternehmen zu optimieren. Das Projekt wurde mit Hilfe des Konzeptes Project Based Management umgesetzt. Dabei wurden vor allem ein striktes Kostenmanagement, eine aufgeräumte Organisation sowie ein Steigerung der Distribution angestrebt. Dies führte zu einer verbesserten und erfolgreichen Positionierung des Unternehmens im Bereich des Flachbildschirm-Segments. (3)

Der Deutsche Projektmanagement Award wird alljährlich vom Fachverband GPM Deutsche Gesellschaft für Projektmanagement aus Nürnberg vergeben. Dieses Jahr hat O2 Germany den Award überreicht bekommen. Das Projekt Hermes Technical Delivery, die Umsetzung eines technisch-orientierten Projektes, ist vor allem deshalb prämiert worden, weil das Team von O2 das Projekt erfolgreich vor dem angesetzten Liefertermin umgesetzt hat. Damit hat das 80-köpfige Team von O2 ein vorbildliches Projektmanagement aufgesetzt. (5), (6)

Weiterführende Literatur

(1) Die neue Projektmanagement- Norm – prozessorientiert, integriert und praxisnah
aus Projektmanagement aktuell, Heft 2/2006, S. 41-44

(2) Becker, Wolfgang / Bogendörfer, Markus / Daniel, Klaus, Performance-orientiertes Projektcontrolling, Konzept und Fallstudie im Anlagenbau, Controlling, Heft 3/2006, S. 141
aus Projektmanagement aktuell, Heft 2/2006, S. 41-44

(3) Mit Projekten zum Erfolg
aus Personal Nr. 02 vom 01.02.2006 Seite 026

(4) Projektplanung und -management
aus ProFirma, Vol. 9, Heft 02/2006, S. 62-65

(5) PROJEKTMANAGEMENT-AWARD Mit 80 Mitarbeitern zur Deutschen Meisterschaft
aus wirtschaft&weiterbildung, Vol. 18, Heft 11-12/2005, S. 21

(6) Deutsche Bank als Gastgeber des Projektmanagement Forums 2005 320 Projektmanager zwischen den Wolkenkratzern „Mainhattans"
aus Projektmanagement aktuell, Heft 4/2005, S. 4-5

(7) Neue Führungskunst? Mehr Effizienz durch projektmethodische Führung von Marketing- und Vertriebsorganisationen
aus Projektmanagement aktuell, Heft 4/2005, S. 18-25

(8) Werkzeugkasten Projektmanagement
aus news aktuell, 2005-08-30

(9) Konsequent umsetzen Projektmanagement
aus Capital vom 18.08.2005, Seite 61

(10) Projektmanagement-Software für Einsteiger
aus Projektmanagement aktuell, Heft 03/2005, S. 41-44

(11) C4P: Die 4 C des Projektmanagements bei der Dräxlmaier Group
aus Projektmanagement aktuell, Heft 03/2005, S. 21-26

Impressum

Projektorganisation - Integrationsfähigkeit von Projektteams in bestehende Organisationsstrukturen

Bibliografische Information der deutschen Nationalbibliothek

Die Deutsche Nationalbibliothek verzeichnet diese Publikation in der deutschen Nationalbibliografie; detaillierte bibliografische Daten sind im Internet über http://dnb.d-nb.de abrufbar.

ISBN: 978-3-7379-0188-8

© 2015 GBI-Genios Deutsche Wirtschaftsdatenbank GmbH, Freischützstraße 96, 81927 München, www.genios.de

Alle Rechte vorbehalten. Dieses Werk ist einschließlich aller seiner Teile – z.B. Texte, Tabellen und Grafiken - urheberrechtlich geschützt. Jede Verwertung außerhalb der Grenzen des Urheberrechtsgesetzes bedarf der vorherigen Zustimmung des Verlags. Dies gilt insbesondere auch für auszugsweise Nachdrucke, fotomechanische Vervielfältigungen (Fotokopie/Mikroskopie), Übersetzungen, Auswertungen durch Datenbanken oder ähnliche Einrichtungen und die Einspeicherung und Verarbeitung in elektronischen Systemen.